T0353761

BAÑO DE LUNA

Para realizar pedidos de este libro, contacte con:
Palibrio LLC
1663 Liberty Drive
Suite 200
Bloomington, IN 47403
Gratis desde EE. UU. al 877.407.5847
Gratis desde México al 01.800.288.2243
Gratis desde España al 900.866.949
Desde otro país al +1.812.671.9757
Fax: 01.812.355.1576
ventas@palibrio.com

ISBN: (tapa blanda)   978-1-5065-4795-4
                         (libro electrónico)   978-1-5065-4796-1

Información de la imprenta disponible en la última página

Rev date: 21/07/2022

BAÑO DE LUNA

Ya ves, yo aquí, feliz en mí vivir....

Ana Rosa Seamonson López

TABLA DE CONTENIDOS

Dedicatoria

Este libro va dedicado a la vida misma;
a todo aquel que leyendo los poemas, pensamientos y reflexiones
plasmados aquí pueda y logre
identificarse con ellos como parte de un recuerdo existente.
Por último y quizás el más importante, lo dedico a mí.
Se estremecen mis sentidos recordando mientras escribo vivencias de lo
aquí compartido.

Agradecimiento

A la inefable Fuente Universal.
A mi amado compañero de vida, Gary Seamonson, cómplice
incondicional en todas mis aventuras.
A mis hijos, Adrián y Vanessa,
resplandores cristalizados en mi ensueño.
A mis amigas del alma,
Iraida Caussade, Yvonne De Courceuil, Riccis Cintrón, Vivian M. Ramirez
por la colaboración en este mi primer libro.
A Lesbia Lozano vaya mi especial agradecimiento por tan hermosos Prólogo y Biografía.

Mi Ser agradece a todas las bellas almas que han sido fuente de inspiración
en este eterno viaje llamado Vida.
Eterna Gratitud

Prólogo

Con este prólogo pretendemos sumergir al lector en un escenario donde puedan valorar la vida y obra de esta noble escritora puertorriqueña, apreciar su versatilidad, su ética y estética a través de los diferentes caminos explorados en el campo de las artes.

Ella se lanza con un estilo muy propio, dejándonos penetrar en su mundo privado, para unirse al listado de poetisa de la isla del encanto. Al igual, Ana Rosa Seamonson López (Annie), también tuvieron su primer momento. Todas fueron principiantes tenaces que pasaron por la prueba de fuego del mundo literario y del ego, mostrado a los lectores la capacidad de la mujer frente a las adversidades de la vida cotidiana haciendo evidentes sus logros para orgullo de sus coterráneos, y escritores de otros lares.

En la medida que nos adentramos en su lectura, vamos descubriendo su espíritu inquieto, con un acento personal que va desde lo tierno, a lo romántico, de lo sensual, a la realidad, rozándose con la fantasía. No se conforma con exponer el lirismo de su obra, sino también, su capacidad artística que brota como cascada matizando de bellos colores el lienzo que no se resiste ante esta mujer que ha desafiado el mundo de las Bellas Artes con sencillez, elegancia y nobleza. Existe una fusión entre fantasía y realismo, tanto en su proyección literaria con en las Artes Plásticas que la convierten en una poetisa, pintora, escultora creadora y singular; sin pretender alejarnos – se podría decir, que su carácter apasionado y rebelde es característico de los nacidos en el siglo XX, que hoy se adentran con temple y sin temor, al mundo cibernético de siglo XXi.

"Baño de Luna" título que lleva esta obra inspirado en una de sus pinturas del mismo nombre, tiene la influencia de toda una época, la cual podemos apreciar al ver plasmados, en los diferentes géneros, ese toque especial, al igual que en los cuadros de su autoría. Vale destacar la pasión, y a la vez, la dulzura que se manifiestan en su prosa, en cada uno de sus poemas, poesías, en cada verso, así como el lenguaje exquisito de sus cuadros los cuales, como saetas, penetran y despiertan nuestro curioso intelecto.

Podemos concluir que en su pequeña y profunda obra se destacan, en lo personal, el amor filial, la sensualidad de fiel amante llena de misticismo, el carácter férreo, la versatilidad de sus conceptos y su viajar constante por dimensiones aun no exploradas donde el desamor no tiene cabida. Aun exponiendo dos poemas de ese género aquí, en lo particular no es su estilo. Sus expresiones son de un sutil lirismo que nos abraza y sorprende desde el principio hasta su final.

La Poesía de Ana Rosa {Annie} resulta necesaria, así como sus pinturas aquí expuestas para escapar del bullicio y las tormentas de este aparente mundo moderno, y viajar a traes de sus obras e imágenes a parejas de reposo, de sueños donde la lógica y la razón pierden sus espacios, donde el amor, ese duende cósmico, es el único en este su universo de sentimientos.

Lesbia Lozano

Soy mi propio estado cuando expreso lo que siento,
Soy mi propia consciencia viviendo en ella.

❧

Que todos los amaneceres sean de hermosas bendiciones
en nuestra maravillosa vida y en nuestras misiones.

❧

Abrirse a lo ilimitado de la existencia
en nuestra experiencia humana viajando en lo sublime
de lo inimaginable del ser.

POEMAS DE LINDAS FANTASÍAS

Baño de Luna

Luna que me acompañas en las noches de angustias
que cobijas mis brumas entre tanta penumbra,
¿Por qué hoy no estás?
¿Por qué no me alumbras?

Entonces, me responde la Luna:
"Mi amada niña, querida mía,
sé de tu llanto, y tus penas calladas.
el Universo en tu interior derramo
radiante luz especial,
que aun cuando llora tu alma,
iluminas con bellos destellos
sublime resplandor sinigual"

Compañera nocturna,
mi confidente, mi amiga, mi Luna.
le respondo sin prisa, le propongo sin duda.
me comparta su luz y su vital energía,
en mi peregrinar por la vida,
por si tropiezo y no está, cuando camine de día.

En las noches sentir
como abraza mi mar en calma y tempestad
Quedando mi cuerpo atraído por ella
Dejando que fluya como si fuéramos una,
así es el ritual en un, Baño de Luna.

Pegaso

Prisionero del mar, perdieron tus alas su fuerza colosal
en las profundas aguas de aquel lejano y bravío mar,
allí donde forjaste un sueño amado Pegaso, indeleble quedaste,
atrapado en otros mundos del nunca jamás.

Recordando tu vida anterior, hallaste un perfecto motivo
con decidido coraje animal,
volviéndote a los aires de aquel tiempo
en el que perdiste tu volar, empoderaste tus alas
perdiendo los miedos y así poder regresar.

Amado Pegaso, creado en mis sueños,
prisionero te hice del mar
buscando en tus alas viajar y conocer
los colores que con celo guardan tu hogar.

Un día al despertar, al mundo deseo contar
que los sueños y las fantasías son recuerdos olvidados en el tiempo
de nuestra infancia, que aún nuestra alma alimenta
permaneciendo en nuestro vivir real.

Mis Alas

Libre es mi vueloy como el de una gaviota,
alto aún más alto, que no se ve el mar.
Son mis pensamientos que izan mis alas
explorando horizontes que están más allá.

Y Sigue volando mi alma emprendida
al mágico esplendoroso lugar,
donde el Señor Sol se suele ocultar
en el que se atesoran los sueños,
esos que se vuelven verdad.

Si anhelas llegar a ese encantado lugar.
Te comparto este don que me legara El Creador.
Soltemos los miedos, te enseño a volar,
descubrirás que se puede sin alas viajar.

Pincel

Pincel, tú que pintas las estaciones del año,
ríos, mares, montañas y llanos.
¿Por qué no me pintas de alegría mis llantos?

Amigo inseparable, compañero esencial,
eternamente conmigo te voy a guardar,
para con el tiempo contigo marcar
esa, tú pincelada especial.

Juntos volver a crear bellos paisajes
transportando alegría a la humanidad.
Borrando tristezas entre lágrimas secas,
gritos callados que arrebatan su calma
pues ya, nadie los ve.

Creando el más hermoso y sublime cuadro
que haya sido plasmado en un lienzo quizás.
Arco-Irisando nuestra alma de amor y aún más,
una obra soñada por todos,
que nadie hayamos visto ni sentido jamás.

Pincel, tú que pintas
hermosos paisajes, toma mi mano,
pintémosle al mundo de aromas sutiles
sus quebrantos y sentires.

POEMAS DE AMOR Y AMISTAD

Ilusión Prohibida

Cómo Pintarle al mundo que te quiero con locura,
ilusión en un adiós, lejano y antiguo,
amor confuso, hermoso, callado y prohibido.

Hoy siento como mi ser reclama tu presencia,
llego hasta ti, te abrazo el pensamiento,
ahora amor mío, déjame abrazarte el alma.

Susurran mis labios entre llanos y montañas.
Este deseo, esta pasión,
no es culpa tuya, no es culpa mía.

Apareces como en un sueño
me arropas a una ilusión y así la recibo,
como si me brindaras una flor.

El Destino, no lo sé.

¡Ah! Cómo Pintarle al mundo
Que te quiero con locura, que de siempre te soñé.

¡Ay! Cómo Pintarle al mundo
Lo tarde, lo tarde que te encontré.

Recuérdame

Recuérdame

Recuérdame en cada rostro
al pasar un desconocido
y en aquel que conoces bien.

Cuando una suave brisa
surja y te acaricie, Siénteme
soy yo quien roza tu piel.

Piénsame, en el fluir de las hojas
ellas te dirán de mí.

¿Escuchas un susurro?

Soy yo quien te habla, te abraza y te besa
con el más puro amor.

Cuando la lluvia salpique en tu ir y venir,
Abrázame, soy yo quien camina a tu lado.

Recuérdame en estos pequeños detalles
para cuando haya desaparecido
mi esencia impregnada en tu piel.

Sueño Fugaz

Abrázame en el olvido, abrázame en el presente
pues soy en tu orgullo, eso que quedo pendiente.
En mis Sueños te busco sin poder encontrarte,
en mis sueños queridos, en aquellos de ayer.

Te aclama mi alma, mi cuerpo también,
mis ojos te buscan, te llama mi voz,
te grita en silencio, vida mía, aquí estoy yo.

Te abrazo en mi mente, me entrego a tu amor
arrullando lo más hermoso de nuestra pasión.
Pero todo fue una quimera, un sueño fugaz
en un beso dejaste, un adiós y algo más.

Milagro de amor que atesoro en mi vientre.
Encanto de vida incalculable en valor.
¡Gracias!
Por este sublime presente en aquel bendito Adiós.

A Ti Mi Amor

❧

Llegaste a mi vida en día sin sol.
cuando más me faltaba el sabor del amor,
y la suave ternura de un abrigo y calor.

Tus suaves caricias que rozan mi piel,
va dejan en mí el olor de tu miel.
Que se funda mi cuerpo en el tuyo también,
Sudemos Aromas de nuestro Amor y después...

Ámame como nadie lo ha hecho aún.
llevame a un mundo intenso en amor
libre, puro y sin condición.

Que no desvanezca este amor que sentimos tú y yo,
y el Universo abrace esta unión de los dos.
A ti mi amor que me derramas tu sed,
a ti vida mía, así también te amaré.

Amar Sin Estar

Amar Sin Estar

Nací para amarte, para escribirte versos
en noches de luna, en tiempos de amor.

Así te envuelvo entre verso y verso,
me sumerjo en tu miel una vez y otra vez
que amarte se hace fácil cada vez más aunque conmigo no estés.

Deséame, ven a mis brazos en tu pensamiento
sentirás cómo se enciende tu cuerpo y suda tu piel,
de tanto amar y yo sin estar.

Saborear el néctar de la vida, amando todos los días.

Cada acto en esta vida es una ofrenda en Gratitud a la misma.

El esplendor del tiempo terrenal pasa como agua entre los dedos,
pues absolutamente nada nos pertenece,
todo está creado desde la fuente
y a ella ha de volver..

La Amistad

La amistad no se muda
por el tiempo o la distancia.
no es sujeta a la inconstancia de un capricho,
sino que siempre está llena de tiernísimo cariño.

Es así tan pura como un niño
Y tan inmensa como el mar,
Pues no se ve su final.

Es la misma amistad que cuenta
con un horizonte abierto,
que siempre va más allá.

Es la verdadera amistad una hermandad
profunda y excepcional que siempre vivirá en el tiempo,
al ya nosotros no estar en este mundo bendito,
que una vez nos unió al pasar ese sentir de amor,
quedando plasmado en la eternidad.

Amistades de la infancia, mágicos tiempos
que ni la ausencia podrá borrar
esas vivencias de amor jamás.

Otras llegaron en su momento a mi existir,
inolvidable y mágica época de aquellos años,
que perenne han quedado en los recuerdos
de una esplendorosa juventud vivida a plenitud,
en este eterno compartir.

Acompañada al resplandor del recuerdo de aquel tiempo,
brindo en honor a la amistad que en nosotros floreció,
permaneciendo aun a la distancia y en el tiempo
ese lindo, sincero amor que nunca se mudó.

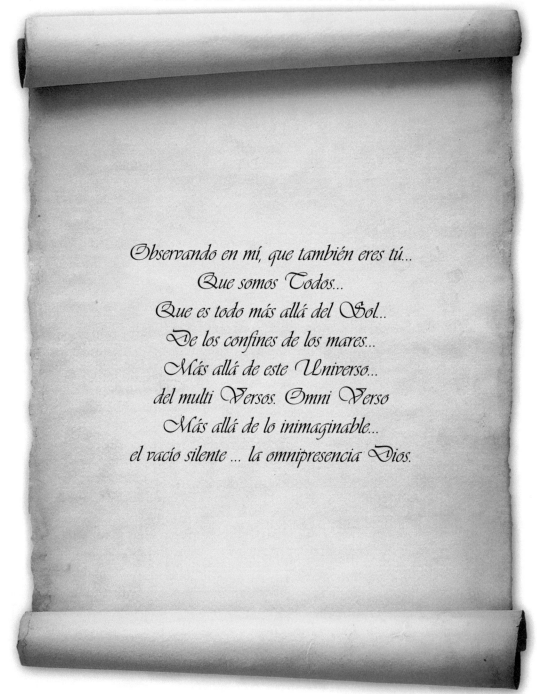

Observando en mí, que también eres tú...
Que somos Todos...
Que es todo más allá del Sol...
De los confines de los mares...
Más allá de este Universo...
del multi Versos. Omni Verso
Más allá de lo inimaginable...
el vacío silente ... la omnipresencia Dios.

Amadas Musas

✽

Estoy en mi mundo,
en ese que es tan solo mío,
junto al infinito, donde nacen ellas,
a las que doy hogar en lienzos
y vida a través de un pincel,
mis musas.

Amadas musas que me hacen sentir
que a mis manos
las llevas a pintar y a escribir,
conmigo las llevare
por siempre las guardare
a estas de hoy y aquellas de ayer.

Al mundo mis musas quiero obsequiar
pintando paisajes, escribiendo y más,
compartiendo este don que me diera el creador
pidiéndome en sueños os dejara saber
que el Universo somos todos
y el amor es también.

POEMAS PÍCAROS Y SENSUALES

Caricias

Acaricia mis ojos
que transportan mi alma.
acarician mis labios
tu presencia dormida.

Me acaricias toda
tú sin saberlo,
sin tocarme la piel.

Acaríciame,
aunque sea en tu mente.

Y me sumerjo en un mundo
de caricias ausentes.

Hoy quiero caricias ardientes
que quemen mi cuerpo
y mis sentidos, sediento de veces.

Hoy no quiero caricias dormidas,
ni caricias ausentes, o palabras bonitas
que me eleven al cielo y me dejen caer.

Hoy quiero, hoy quiero
¡Sentirme mujer!

Beso Indiscreto

Beso Indiscreto

Salúdame con un beso, con un beso indiscreto,
que me caliente la piel y mis deseos expresen,
que si te atreves a más, así yo también.

Salúdame con un beso, que me apasione al rozar
nuestra piel y aún más.
así de a poquito me dejo llevar
en ese saludo indiscreto cuando me vas a besar.
Lo que se desea más que eso, es una ilusión y luego amar.

Salúdame con un beso y un rozar indiscreto,
que no se pierda la magia, en eso reside el encanto,
mantener el deseo, la ilusión y las ganas.

Quiero tu beso y saludo indiscreto
que si te atreves me atrevo,
a tu saludo y a más.

Mis Sueños y Tú

Soñé que me amabas, te entregabas a mí,
abrazando mi cuerpo cómo tanto esperé,
dejando mis ansias impregnadas de ti.

Soñé que arropabas, mi ilusión ya dormida
y que al fin te tenía en mi lecho atrapado.

Tatuabas mi cuerpo con pasiones ardientes,
que hasta te vi en mi sueño de tanto sentir,
lo que contigo siempre quise vivir.

Pero despierta mi sueño, y no estás aquí.
Se queda tu imagen en vivencias soñadas,
en fogosos momentos esperando por ti.

POEMAS
FAMILIARES

Mi Madre (La Reina de Nuestras Vidas)

Hermosa mujer,
manantial de insaciable ternura,
mirada de amor y sincera sonrisa,
tus labios me hablan en mis sueños profundos,
me dicen, ¡Cuanto te amo, hija mia, en mi alma!

¡Ay! Madre mia querida,
eres mi orgullo de siempre, desde niña.
Se regocija mi alma cuando me miro en tus ojos,
deseo igualarme, pero no te alcanzo, eres muy grande.

Me remonto a esos años cuando de ti aprendía,
tropezaba en mi andar, y tus brazos extendidos,
con amor me acogían.

Pasan los años y vuelvo a mirarme en tus ojos brillosos,
espejo de luz, cuando camino en tinieblas,
quiero igualarme, pero no te alcanzo,
eres muy grande.
Ni mil vidas bastarían para igualar tu sabiduría.

Manantial de ternura, Mirada de Amor, y Sincera Sonrisa,
por siempre tus nombres serán,
Hermosa Mujer
Madre Mia, Amada, Querida.

Pedacito De Luz

Esperé con paciencia,
con toda ilusión, tu llegada a este mundo,
cuando Dios decidiera, regalarme tu luz.

Un resplandor jubiloso se posó entre mis brazos,
que con mirada inocente me dijo; "Soy yo mama,
que vengo de un sueño a despertar en tu amor."

Pedacito de luz de suave mirar
llegaste a mi vida en el justo momento
porque así se escribió,
en el Libro invisible del Tiempo de Dios.

Que no nos roben el sueño que en silencio nació
y nos entrelazo a los dos,
me enseñaste a ser madre y yo te arrope con amor.

A ti hijo amado hoy te quiero expresar,
que te amé desde siempre.
Dios me dio el privilegio de observarte en mis sueños.
así esperaba tu llegada con gran ilusión maternal.

Jamás he olvidado en mi andar, ese resplandor especial
que derramara en mí el Divino Creador,
al llegar tu a mis brazos con esplendorosa luz sin igual.

Dejando tu nido y hogar alzaras vuelo algún día,
para ir a descubrir aquel horizonte,
ese que está más allá
donde el Señor Sol se suele ocultar.

Continúa…

Quiero decirte hijo amado,
que cuando te canses de rondar y volar
aquí te esperan mis brazos, que con júbilo y gran ilusión,
siempre estarán para abrigarte, también te protegerán.

A ti pedacito de luz, así te quiero expresar
que en mi dormir ni un segundo
te he dejado de Amar.

Este poema lo escribí para ti,
Adrián, hijo amado
con tinta del corazón.

Desde el más profundo y eterno amor.
¡ Mama!

Adrián

Hija mía, divino regalo de Dios

Dejando mis sueños más anhelados, desperté en uno mayor,
que sorpresa para mí, era el más hermoso, el mejor.
Eras tú hija mía que con la más dulce melodía
lentamente te hiciste mía.

Sentí morir de placer cuando mis ojos te miraron esa primera vez,
no lo podía creer, pues así llegaste tal como te soñé
¡Cuánto te amo hija!, divino regalo de Dios.

Y comparo tu alma con la mía,
no hay dudas, ¡Eres Mia !

Mi corazón se regocija con eterna alegría
al escuchar tus risas día a día,
es así como me dices;
¡Soy tan Feliz mamita linda!

De pronto, una mirada lejana me augura,
me avisa, y ya casi te veo mujer.
¡Ay! como pasa el tiempo hija amada,
tesoro bendito, mi regalo de amor.

Algún día te irás, dejarás tu sueño de niña
para entrar en uno mayor, el más hermoso el mejor.
Serás madre hija soñada,
recibirás el regalo más grande de Dios.

Este poema lo escribí en sublime agradecimiento a Dios,
en el sentir más profundo y eterno amor.
Siempre, Mamá.

Vanessa

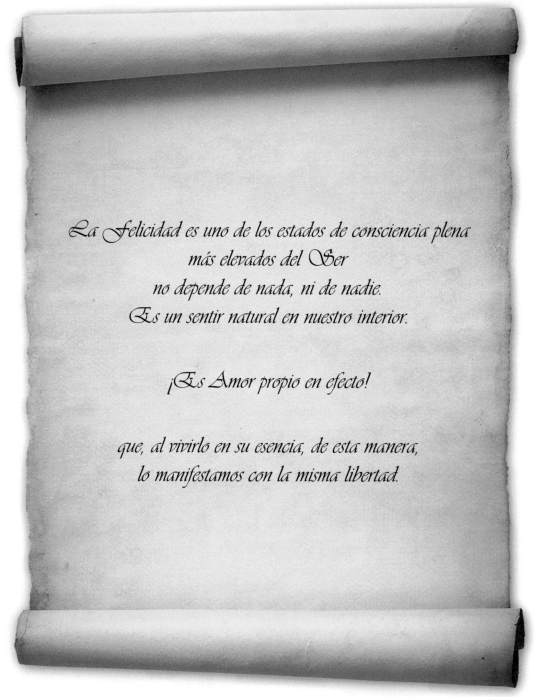

La Felicidad es uno de los estados de consciencia plena
más elevados del Ser
no depende de nada, ni de nadie.
Es un sentir natural en nuestro interior.

¡Es Amor propio en efecto!

que, al vivirlo en su esencia, de esta manera,
lo manifestamos con la misma libertad.

Cuatro Años a Mi Padre

Cuatro años han pasado de la muerte de mi padre,
cuatro años que han dejado en mi alma sinsabores.

Estas flores las retengo para el día en que te vea, pues,
cuatro años no han pasado por mi vida todavia.
Estas flores que hoy te traigo son las mismas que escogiera
para ti con tanto amor,
aquel fatal noviembre ahogada de dolor.
Son las que ya marchita por los años, hoy te traigo ya serena,
que te abracen descansando en los brazos del Señor.

Ya han pasado los años y hoy te quiero regalar,
un Te Amo en un recuerdo,
que te duermas solo en El, y en tus sueños, Todo Paz.

Ya ves, yo aquí feliz en mi vivir,
esperando verte de nuevo, cuando Dios me lame a dormir.

Ni en mis más profundos sueños, te he dejado de amar.

POEMAS DE DESAMOR

Don Juan Vividor

Don Juan Vividor

Repasando nuestra vida anterior
de algo muy segura estoy,
que en tu pensamiento de Don Juan Vividor,
en un rinconcito, ahí me piensas, ahí vivo yo.

Mujeriego por excelencia, enamorado por conveniencia,
viviendo en una nube regando siempre ilusión,
así es tu vida vacía, así has vivido el amor.

Ya te he visto de mujeriego y de Don Juan Vividor,
ahora quisiera ver que te gradúas, haciendo de gran señor.
Será como tirar lo que eres al viento
Y disfrazarte de galardón.

Repasada nuestra vida anterior sabiendo que,
como un karma, sellado y perenne mi nombre quedó,
en ese rinconcito de tu pobre corazón,
queda solo desearte lo mejor de este mundo
que por lazos del destino compartimos tu y yo.

ANA ROSA SEAMONSON LÓPEZ

No Sabes de Amar

✤

Cuanod el tiempo pase y se haga mi ausencia sentir
busca una esperanza en algo que se parezca a mí,
verás como fui en la vida, invisible para ti.

Pudiste, pero nunca me tuviste
realmente jamás me sentiste,
la verdad, ni en el olvido me quisiste.

No te niegues a ello pues, ya nada ganaras
aferrarte a un ideal que nunca vivió en ti.
Yo, te quise o te amé, no lo se.
tú, en algún momento, o tal vez.

No te culpes por no amar, no has nacido para ello.
Naciste para soñar y caer en la ignorancia
que algún día amarás.

No podrás, no naciste para amar
solo para crearte un mundo de ilusiones
y así poder respirar, pensando que todo lo puedes
aunque no sepas de amar.

Aclaro y me expreso así,
por el derecho que me da haber vivido contigo,
cuando en noches como esta con mi alma fragmentada,
mis brazos te buscaban y un corazón lloraba.

Aunque estabas no te sentía y mi dolor se acrecentaba,
pues solo buscabas en mí una libertad soñada.
Invisible eres para mí como lo fui yo para ti.

Sigue tu camino, yo jamás te conocí.

POEMAS TRISTES Y EMOCIONALES

ANA ROSA SEAMONSON LÓPEZ

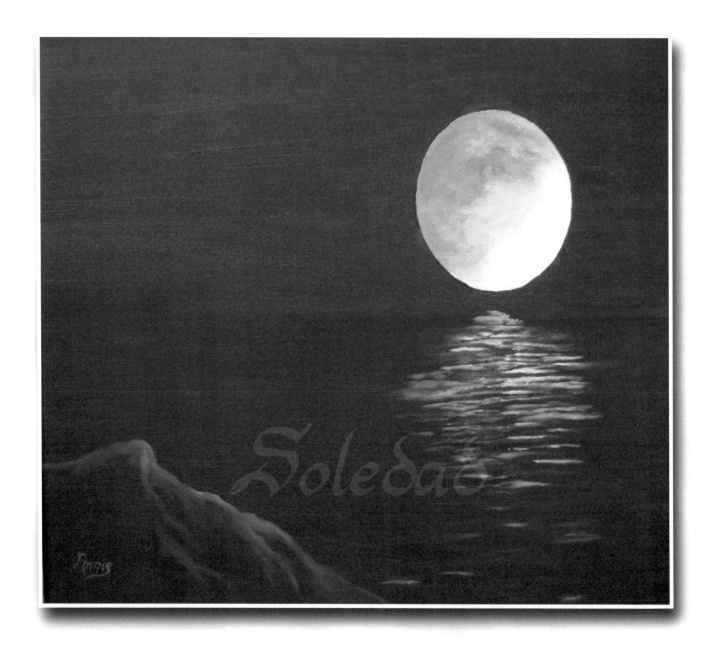

ANA ROSA SEAMONSON LÓPEZ

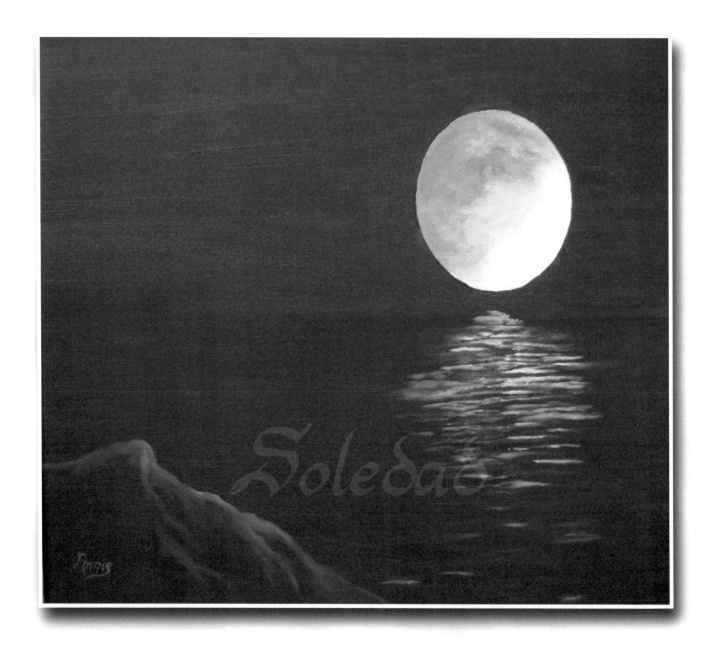

46

Soledad

Compañera interior
en la que cabalgan mis días
y se regocijan memorias,
esas, las que llamo victorias.

Y así soy porque soy,
y así vivo yo, buscando el aroma
del amor de la vida, de esta humanidad
que desvanece día por día.

¡Ay! Si pudiera escribir con rayos de sol
que abran los surcos, florezca armonía
y se escuche mi voz, el Universo diría,
¡La gloria está viva! y así vivo yo.

Soledad de mis días, compañera interior
cabalgando contigo quisiera seguir,
vestirte de amor y seguir siendo yo.

Mi Nombre

Hoy mi nombre es Tristeza,
no sé, como explicar,
este inmenso dolor con el que cabalgo,
que pareciera, se va a desbocar.

Hoy, nadie conoce de mi
así me permito llorar,
limpiar esta mi alma que a gritos
quiere salir y volar.

Hoy mi nombre es Tristeza
el mismo que desea explorar otros mundos,
verdades de gentiles y demás.

Hoy, sigue siendo mi nombre Tristeza,
mañana no sé cuál será,
tal vez Nostalgia para así complementar
esta angustia abismal perenne por demás,
que solamente mi Ser al viento deberá arrojar.

Ayer fue mi nombre tristeza,
hoy soy un corazón abierto que late para vivir,
rescatar lo que extravié, y volver a amar.
hoy mi nombre vuelve a ser,
¡Señora Felicidad!

La Luz en tu Andar

La Luz en tu Andar

Si pudieras ver el brillo en tu mirar,
notarias que esa estrella que te diera un día su luz,
la has perdido poco a poco,
por la vida vanidosa que has llevado en tu andar.

Luz brillante sinigual que has debido conservar,
pero te quedaste en la espera
de una tierra prometida que también era prohibida.

Tu luz propia se esfumo en el mundo de la nada.
así pasaron los años sin que pudieras abrazar,
a una madre adolorida, familia,
amigos y hermanos que quizá dejaste atrás,
ni hablar palabras bonitas
esas, las que el mundo desea escuchar.

Busca nuevamente en ti
ese brillo que perdiste en tu vida al pasar,
veras como el mundo te abraza,
volverás a iluminar.

Alcanzar la Maestría de Sentir, de Vivir la vida Eterna.
Contemplando nuestra consciencia,
sin expectativas.

❦

En el templo de mi alma solo hay amor.

❦

Deseo inmensamente que todas las palabras y acciones
de la humanidad
se proyecten en virtud por el amor a la vida..

ANA ROSA SEAMONSON LÓPEZ

La Espera De Los Ojos De Mi Niña

¿Ven a esa niña parada en la ventana?
Sus ojos miran para todos lados,
ya cansados de esperar
deseando ver eso que quizás,
hoy tampoco llegara.

De su triste mirar brota una lagrima
que se evapora lentamente en su mejilla,
pareciera que en su mente
han pasado días, horas
y un tiempo eterno.

Amada mi niña de ojos llorosos,
de cierto sabe que su recompensa
por la más incierta espera, algún día llegara.
Siento que en su adentro con enorme sentimiento
se promete jamás volver llorar.

De pronto ya es toda una damita,
ojos de niña, mirada de dolor.
ella espera siempre espera
con paciencia y amor.

Pasaron los años y esa mi niña de ojos llorosos
que tanto espero por mí,
ahora me abraza en el más puro amor.

Me dice, calla madre, no digas nada,
aquí estoy yo, con este gran amor
que late en nuestro corazón, un acuerdo sagrado
que perenne vive y en nuestra alma se plasmó.

POEMA DE AGRADECIMIENTO

AMOR A LA PATRIA, FILOSÓFICO

Te Agradezco Señor

Te escribo estos versos porque sé que tu existes,
me tomas la mano y me dejo llevar,
a ese tu cielo donde siempre estas,
a ese tu mundo al que quiero llegar.

Agradezco el regalo de vida, tu infinita bondad,
pues en cada instante me entregas,
tu amor sin cesar.

Me regalas tu cielo,
lo infinito y tu mar, en mis noches de insomnio
estas musas que surgen, desde un vacío en la eternidad.

Me das todo sin nada pedir,
vives en mí, muy dentro de mí.
Te agradezco Señor tu infinita bondad,
el regalo de vida, el que sea feliz y mi libertad.

Entre Dos Mundos

Entre dos mundos navega mi vida.
entre dos mundos que quiero juntar.

Que cuando abra mis ojos pueda sentir
los rayos ardientes y mis brazos alcancen
en un solo toque y en pos,
estos dos mundos en el navega mi amor.

A mi isla querida que me ha visto crecer,
y a esta península en la que vivo y me vistió de mujer.
Estos dos mundos quiero juntar
y solo en uno así navegar.

Que no se pierda el recuerdo y en mi memoria logre sellar
lo pintoresco de mi isla querida, más lo hermoso de este mi hogar.

Eso si digo y aclaro, cuando vuelva a mi isla encantada
un rayo a su sol robaré y de regreso a mi casa
junto a la hoguera allí lo pondré.

Será como juntar estos mundos, lograr lo que siempre soñé,
aunque solo de ti Mi Puerto Rico querido, de ti por siempre seré.

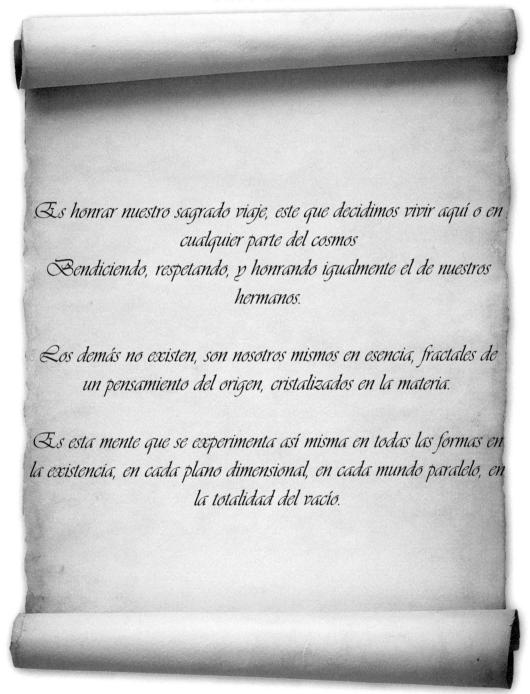

Es honrar nuestro sagrado viaje, este que decidimos vivir aquí o en cualquier parte del cosmos
Bendiciendo, respetando, y honrando igualmente el de nuestros hermanos.

Los demás no existen, son nosotros mismos en esencia, fractales de un pensamiento del origen, cristalizados en la materia.

Es esta mente que se experimenta así misma en todas las formas en la existencia, en cada plano dimensional, en cada mundo paralelo, en la totalidad del vacío.

El Esplendor del Tiempo

No hay tiempo en que no esté el tiempo
en su forma más pura, es lo que al parecer poseemos
aun, cuando nada tenemos.
el instante es un regalo
con el tiempo, sabiduría en efecto.

El tiempo pasa, el viento sopla,
en nuestros recuerdos de juventud,
entonces en esencia tendremos la misma edad,
en esas nuestras vivencias que en el tiempo prevalecerán.

Es en la madurez del pasar del tiempo
cuando abrazamos con tierna pasión
la importancia de nuestra niñez.

Es cuando valoramos
con candorosa energía de un corazón infantil,
la sabiduría de un tiempo que ya nos arropa,
intentando hacer grata la historia escrita
en el libro invisible del tiempo de Dios.

El tiempo no culpa, no olvida,
no huye por caminos de hojas marchitas,
ni revive las glorias de un mundo anterior,
vive en nuestro niño interior, pequeño gigante,
en el tiempo con pasión.

Quiero morir sabia con alma y corazón de niña.

Practica de atención plena, desde nuestro interior.
El único templo para ir, hacia dentro,
donde mora nuestro maestro interno y sabiduría eterna.

⁂

La conexión más importante es con nosotros mismos,
estaremos entonces conectados a la vida,
en todas sus formas.

⁂

Viajando fuera de la estructura del Tiempo,
Viviendo así....

PENSAMIENTOS Y REFLEXIONES

Arte

Arte

"El arte es un síntoma de convivencia social, es el espacio donde la libertad es absoluta, donde se encuentra la esencia de las la vida, la naturaleza de los sentimientos más profundos del Ser, donde el único tiempo es el que marca el pincel creando, recreando, plasmando vivencias de vida en un lienzo, es una de las experiencia más sublime que he vivido. El arte no es competencia. El arte no tiene fronteras."

Los Celos

Los Celos

❦

El peor de los males,

digamos que es un estado negativo,

que son penas agudas,

que ni la vanidad puede ayudar a soportarlo,

son una mezcla de odio, avaricia, orgullo, rabia y tristeza

que nada tiene que ver con la palabra amor,

son antónimos, en los celos hay más amor propio que verdadero,

son un signo de posesividad y de baja autoestima,

son una enfermedad en el espíritu y de ictericia en el alma.

El celo es amor propio en defecto,

irritación de una falsa vanidad.

Por último, el celoso ama, pero así mismo,

el que no lo es…… Ama Mejor.

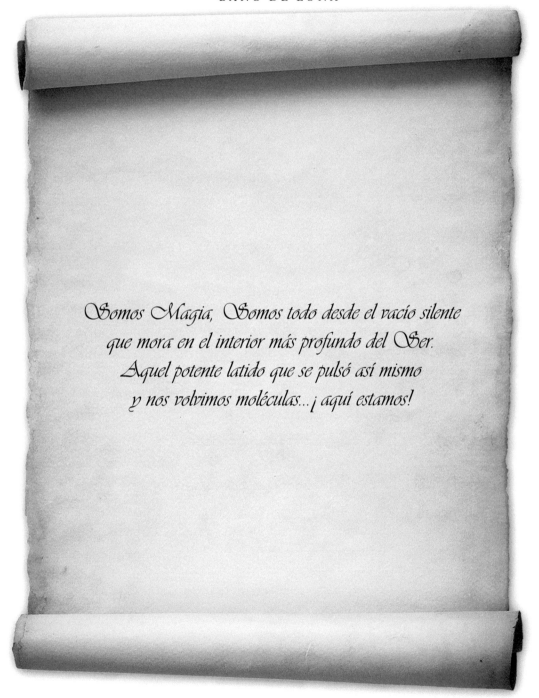

Somos Magia, Somos todo desde el vacío silente
que mora en el interior más profundo del Ser.
Aquel potente latido que se pulsó así mismo
y nos volvimos moléculas...¡ aquí estamos!

El Silencio

El Silencio

Cuando nace la palabra, también nace el silencio, van juntas de la mano.
El silencio tiene el poder de agrandar los malos entendidos,
sin embargo, es el arte más grande de una conversación,
es el ruido más fuerte con el que vivimos dentro.
El silencio grita alto, insulta, rechaza, hiere, ama y va...
¡Ay! amigos míos, el silencio es poderoso,
un beso enciende la pasión,
un silencio puede apagarla…… Besos

El Principio de Amar

El Principio de Amar

Uno de los principios de amar,

es dejar que los que amamos

sean ellos mismos, dejándolos ser.

Amar, gustar y disfrutar

de esa personalidad única de cada cual,

amar sus defectos, ya que las virtudes se aman por si solas,

nunca imponerlos a que sean a nuestra propia imagen,

por que solo estaríamos amando

el espejo de nosotros mismos.

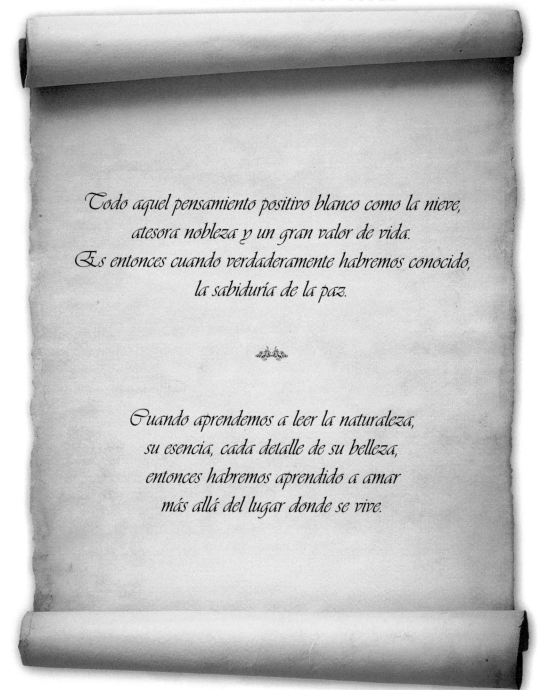

Todo aquel pensamiento positivo blanco como la nieve,
atesora nobleza y un gran valor de vida.
Es entonces cuando verdaderamente habremos conocido,
la sabiduría de la paz.

Cuando aprendemos a leer la naturaleza,
su esencia, cada detalle de su belleza,
entonces habremos aprendido a amar
más allá del lugar donde se vive.

Vive

Vive

Hay que luchar por lo que se anhela

sin dejarlo escapar.

el amor como la pasión

se viven una sola vez en la vida

Si las dejaras escapar

vivirás entonces de un recuerdo en el olvido.

Que triste por que pasaste por la vida

pero nunca la viviste.

Vive... ahora que tienes tiempo,

no esperes a que un suspiro

te robe el aliento ...... ViVe

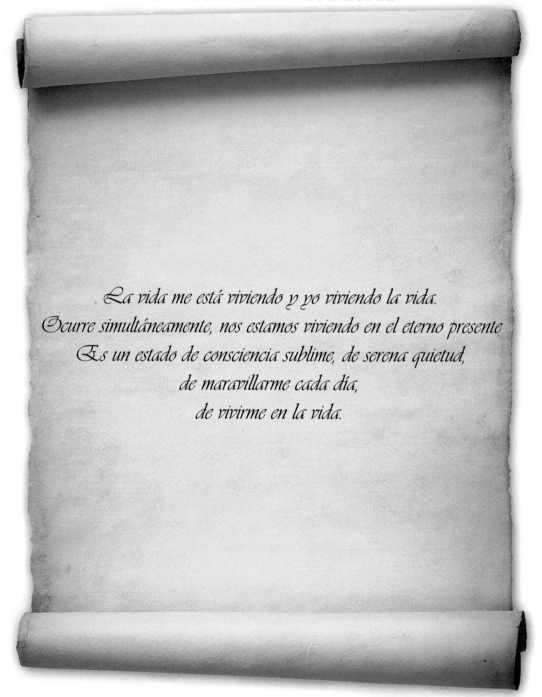

La vida me está viviendo y yo viviendo la vida.
Ocurre simultáneamente, nos estamos viviendo en el eterno presente
Es un estado de consciencia sublime, de serena quietud,
de maravillarme cada día,
de vivirme en la vida.

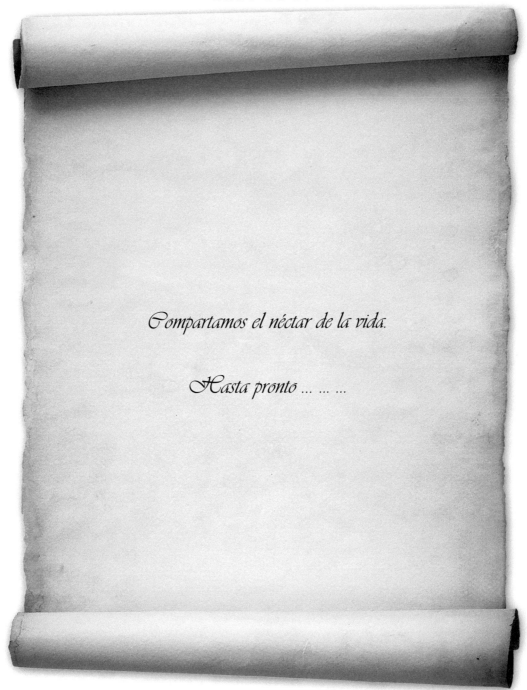

Compartamos el néctar de la vida.

Hasta pronto ... ...

Printed in the United States
by Baker & Taylor Publisher Services